Ce livre appartient à :

Casterman
Cantersteen 47
1000 Bruxelles

www.casterman.com

ISBN : 978-2-203-10744-1
N° d'édition : L.10EJCN000534.C002

Achevé d'imprimer en mai 2017, en France par Pollina. 80936.
Dépôt légal : mars 2016 ; D.2016/0053/119
Déposé au ministère de la Justice, Paris (loi n°49.956 du 16 juillet 1949 sur les publications destinées à la jeunesse).

martine

déménage

d'après les albums de Gilbert Delahaye et Marcel Marlier

casterman

– Les enfants, nous allons déménager, dit papa.

– Où irons-nous ? demande Martine avec inquiétude.

– Au centre-ville. Regardez, l'annonce du journal présente notre appartement comme étant « confortable, ensoleillé, bien situé ».

– Papa sera plus près de son travail, ajoute maman.

– Un appartement ! s'inquiète Martine. Que vont devenir Moustache et Patapouf ? Si la concierge n'accepte pas les animaux, nous devrons nous en séparer…

– Ne t'en fais pas, ça n'arrivera pas, dit maman.

Au dîner, Martine n'arrive pas à avaler une seule bouchée. Déménager, cela veut dire changer de quartier, quitter les voisins, les amis de l'école...

– Tout ira très bien, dit maman. Tu verras, nous irons visiter l'appartement demain.

Martine et Jean jettent un
coup d'œil sur le balcon.

– C'est haut ! On voit toute la ville.

– Je crois que je vais quand même me plaire, ici, dit Martine.

Papa a reçu les clés de l'appartement, mais il y a encore du travail : il faut rafraîchir les peintures et tapisser les murs.
Gabriel est venu aider Martine et sa famille.

La fuite
d'eau dans la
salle de bains ne s'arrête pas.
Patapouf se réjouit de pouvoir
aider le plombier.

Mais l'ouvrier n'est pas de très bonne humeur, il vaut mieux s'en aller...

Le petit chien décide donc
d'aller visiter l'immeuble.
Il rencontre le musicien
du cinquième étage et
son perroquet.
– Va te coucher ! dit l'oiseau
sur son perchoir.

Patapouf s'échappe au garage.

– Mais que fais-tu là, mon ami ? lui demande un cycliste venu ranger son vélo. Je vais te raccompagner chez toi. Ce sera l'occasion de faire connaissance avec ta petite propriétaire.

Martine est ravie mais étonnée : Patapouf avait disparu sans qu'on s'en aperçoive !

Enfin, l'appartement
est prêt.
Reste à préparer
le déménagement.

– Emballons la vaisselle, dit maman. Voici des journaux et des boîtes en carton. Attention, c'est fragile !

On décroche

les tableaux,

on range

les photographies,

et on roule les tapis.

La maison est sens dessus dessous !
Plus rien n'est à sa place.

Aujourd'hui, Martine quitte
son école de quartier.
Elle est émue et son cœur
bat à toute vitesse.

– Je viendrai
vous revoir,
c'est promis !

Le jour du déménagement est arrivé. Martine et Jean courent dans tous les sens. Les déménageurs chargent le piano. C'est une manœuvre délicate.

Ouf ! Tous les meubles sont entrés dans le camion.

Devant le nouvel immeuble,
on décharge le mobilier.

Des enfants se rassemblent
sur le trottoir.

– Tu es la fille du
quatrième ? Moi
c'est Sophie, j'habite
au sixième !

Soudain, un miaulement
se fait entendre.

– Ça vient de ce tiroir ! crie Martine. Moustache s'est réfugié dans l'armoire ! Vite, délivrons-le !

Le lendemain, Martine fait connaissance avec sa nouvelle école.

Tous ces visages l'intimident.

– Je vous présente Martine, dit la maîtresse. Elle s'installera à côté de Clara.

Voici la rédaction du jour :
« *Racontez l'histoire d'un déménagement* ».

– J'ai déménagé hier, dit Martine à Clara.
Dans mon quartier, je me plaisais beaucoup.
– Ne sois pas triste, chuchote Clara.
C'est l'occasion de te faire de nouveaux amis.

Titres disponibles

1. **martine** petit rat de l'opéra
2. **martine** un trésor de poney
3. **martine** apprend à nager
4. **martine** un mercredi formidable
5. **martine** la nouvelle élève
6. **martine** a perdu son chien
7. **martine** à la montagne
8. **martine** fait du théâtre
9. **martine** et la sorcière
10. **martine** en classe de découverte
11. **martine** se dispute
12. **martine** déménage
13. **martine** et le cadeau d'anniversaire
14. **martine** monte à cheval
15. **martine** la nuit de noël
16. **martine** est malade
17. **martine** fait les courses
18. **martine** drôle de chien
19. **martine** et les lapins du jardin
20. **martine** en bateau
21. **martine** à la mer
22. **martine** et les fantômes
23. **martine** au pays des contes
24. **martine**, princesses et chevaliers
25. **martine** à la maison
26. **martine** et les chatons
27. **martine** à la fête foraine
28. **martine**, l'arche des animaux
29. **martine** garde son petit frère
30. **martine**, la leçon de dessin
31. **martine** et le petit âne
32. **martine** fait du vélo
33. **martine** dans la forêt
34. **martine** et les marmitons
35. **martine** au cirque
36. **martine** en voyage
37. **martine** la surprise
38. **martine** baby-sitter
39. **martine** fait du camping
40. **martine** et son ami le moineau
41. **martine** se déguise
42. **martine** protège la nature
43. **martine** fait de la musique
44. **martine** prend le train
45. **martine** en vacances
46. **martine** en montgolfière
47. **martine** au zoo
48. **martine** et le prince mystérieux
49. **martine** en avion
50. **martine** fête maman
51. **martine** à la ferme
52. **martine** et les quatre saisons
53. **martine**, vive la rentrée !
54. **martine** fait la cuisine
55. **martine** au parc
56. **martine** fait de la voile